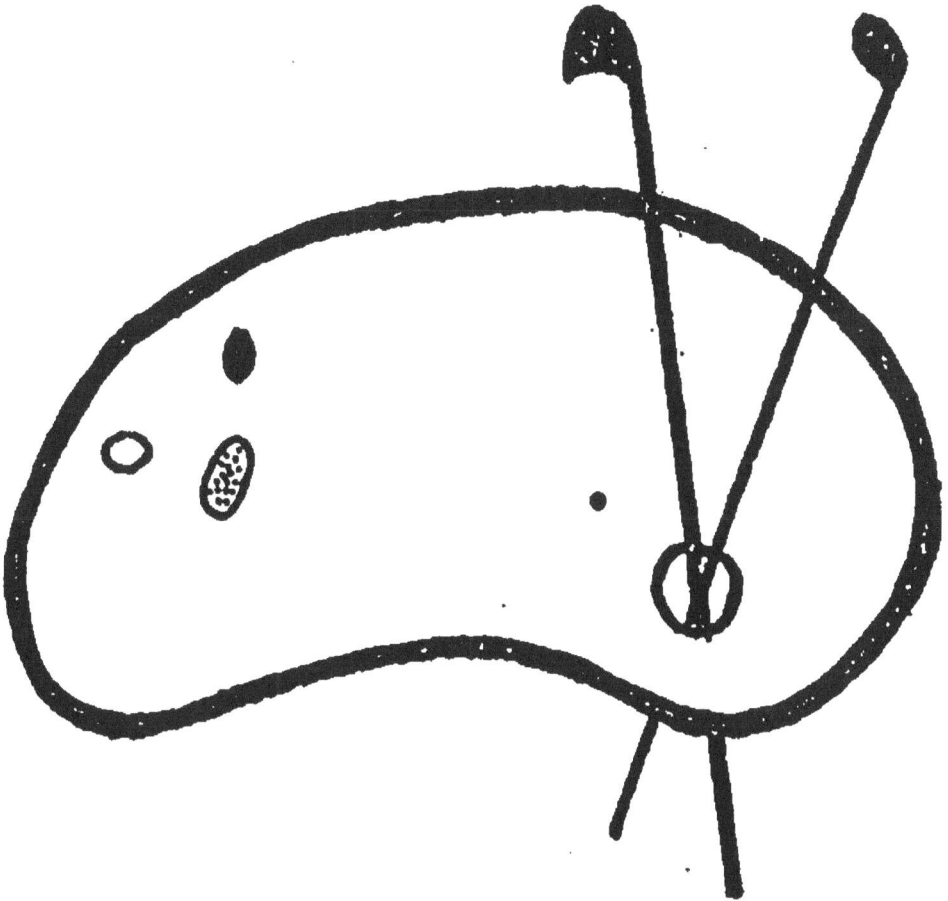

COUVERTURE SUPERIEURE ET INFERIEURE
EN COULEUR

LES INEPTIES

ET

LE MONOPOLE

DE QUELQUES LIVRES SCOLAIRES OFFICIELS

ADOPTÉS DANS LES ÉCOLES PUBLIQUES DE PARIS

ET

RECOMMANDÉS PAR M. LE MINISTRE DE L'INSTRUCTION
PUBLIQUE POUR LES LYCÉES ET COLLÈGES

Par un Délégué Cantonal

~~~~~~~

Prix, broché . . . . Fr. 0,75
Franco, par la poste 0,90

~~~~~~~

MARSEILLE

A LA LIBRAIRIE MARSEILLAISE
34, Rue Paradis, 34

—

1884

LES DANGERS

DU

CERTIFICAT D'ÉTUDES PRIMAIRES

Par un Délégué Cantonal

SOMMAIRE :

I. Historique. — Origine et but de l'Institution.

II. Les Examens. — Inconvénients. — Garanties illusoires. — Inégalités dans les épreuves écrites et surtout orales. — Abus : la Rhubarbe et le Séné. Exemples. — Étude des questions posées. — Chinoiseries de l'orthographe et des problèmes. — Insuffisance des candidats admis.

III. A l'École. — Mission et devoirs de l'Instituteur. — Élèves privilégiés ; négligence de la classe. — Abaissement du niveau moyen de l'instruction. — Méthodes d'enseignement automatique pour l'orthographe et les problèmes.

IV. Les Livres scolaires. — Leur seul but est de préparer à l'examen, par des méthodes intensives et mécaniques. — Myopie scolaire. — Résultats.

V. Influence sociale. — Création d'une nouvelle catégorie de déclassés. — Abandon de l'atelier et des champs. — Développement du fonctionnarisme intérieur.

VI. Statistique.

VII. Conclusion. — Suppression du certificat d'études. — Examen général de sortie. — Récompenses aux Instituteurs d'après la valeur moyenne de leur classe.

Marseille. — Imp. du Midi, M. Schickler, rue Vacon, 50.

LES INEPTIES

ET LE MONOPOLE

DE QUELQUES LIVRES SCOLAIRES OFFICIELS

LES INEPTIES

ET

LE MONOPOLE

DE QUELQUES LIVRES SCOLAIRES OFFICIELS

ADOPTÉS DANS LES ÉCOLES PUBLIQUES DE PARIS

ET

RECOMMANDÉS PAR M. LE MINISTRE DE L'INSTRUCTION
PUBLIQUE POUR LES LYCÉES ET COLLÈGES

Par un Délégué Cantonal

> .... Chaque maître est libre
> de suivre dans son enseignement
> celui des ouvrages élémentaires
> qui lui paraît devoir donner, entre
> ses mains, le meilleur résultat.
> .... Il est bon d'éviter tout ce
> qui semblerait créer, en faveur
> d'un de ces ouvrages, l'apparence
> même d'un monopole.
>
> Jules FERRY.

MARSEILLE

A LA LIBRAIRIE MARSEILLAISE

34, Rue Paradis, 34

--

1884

AVERTISSEMENT

Avant de justifier, preuves en mains, le titre qui précède, une explication nous paraît indispensable.

Et d'abord, supposons qu'un instituteur, qu'un modeste professeur de l'Université, publie à ses risques et périls un livre élémentaire ; si cette publication est l'exposé d'une méthode nouvelle, originale, ne manquerait-on pas de mesure et de justice, en relevant avec trop de vivacité certaines incorrections de détail ?

Mais, si un livre scolaire a pour auteur un haut fonctionnaire de l'enseignement, un inspecteur général par exemple ; si une commission spéciale a inscrit ce livre sur la liste des ouvrages destinés aux Écoles communales de la Ville de Paris ; si enfin, ce même ouvrage est recommandé par le Ministre de l'Instruction publique aux élèves des lycées et des collèges, ne faut-il pas, nous le demandons, que ce livre, revêtu de cette triple étiquette officielle, soit irréprochable dans son texte comme dans son exécution matérielle ?

Et si ces deux conditions ne sont pas remplies, un pareil livre ne mérite-t-il pas toutes les sévérités de la critique ?

D'un autre côté, les erreurs qu'on trouve dans un ouvrage sont, ou des *erreurs typographiques*, qu'on peut reprocher au correcteur, ou des *erreurs de rédaction* dont l'auteur seul est responsable.

Or, si parmi ces dernières erreurs, on rencontre des propositions contraires à des principes ou à des vérités élémentaires, si de plus ces erreurs sont telles et en si grand nombre qu'elles ne peuvent avoir pour excuse de simples distractions, comment faudra-t-il les désigner? Ce sont là des inepties. — Nos lecteurs les qualifieront sans doute plus sévèrement.

Cela dit, passons aux preuves.

I

LES INEPTIES

PREMIÈRE PARTIE

LES INEPTIES

I. — M. Foncin.

Commençons par M. Foncin, ancien Recteur, Inspecteur général de l'Instruction publique, Lauréat de l'Institut, etc., etc.

Monsieur Foncin a publié trois volumes de géographie : *l'Année Préparatoire, la Première Année* et *la Deuxième Année.*

Examinons le plus important de ces ouvrages. Nous avons sous les yeux la *Deuxième année de Géographie,* 5ᵉ édition ; on lit sur la couverture : *Inscrit sur la liste des ouvrages fournis gratuitement par la Ville de Paris à ses écoles communales, et porté sur le catalogue ministériel des livres classiques recommandés pour les Lycées et Collèges.*

Première citation (page 4, 1ʳᵉ colonne, n° 14) (*): « *Entre Mercure et Vénus* sont situées 187 petites planètes télescopiques. »

(*) Toutes nos citations sont textuelles ; nous en indiquons toujours l'origine avec précision afin qu'on puisse en vérifier l'exactitude ; seulement nous avons souligné les mots ou les passages sur lesquels nous appelons plus particulièrement l'attention du lecteur.

Dans quel traité d'astronomie ou de cosmographie M. Foncin a-t-il vu que les petites planètes soient situées entre Mercure et Vénus ? Tout le monde sait que les petites planètes télescopiques sont situées entre Mars et Jupiter. On sait en outre, qu'à la fin de l'année 1881, il y avait 220 petites planètes découvertes, au lieu de 187. On voit par là comment l'édition publiée en 1882 est tenue au courant de la science.

Deuxième citation (même page, n° 16) : « Plusieurs planètes sont accompagnées d'astres secondaires ou satellites qui circulent autour d'elles. — La Terre a un satellite qui est la Lune ; — Jupiter en a quatre ; — Saturne en a huit, plus un anneau circulaire et aplati ; — Uranus, quatre ; — Neptune, un. »

Et les deux satellites de Mars, observés pour la première fois en 1877, par les astronomes américains ? M. Foncin n'en tient pas compte ; en 1882, il ignore cette belle découverte qui fit tant de bruit dans le monde. Cette lacune importante prouve encore combien le livre est négligé, pour un livre officiel surtout.

Ce qui va suivre est autrement sérieux.

Troisième citation (page 5, n° 30) : « Considérons maintenant la direction des rayons solaires, par rapport à la Terre. »

« Les rayons frappent perpendiculairement le point B (l'équateur) et PRESQUE perpendiculairement la portion DC du globe, comprise entre C'C et D'D, (les deux tropiques) ; la région comprise entre C'C et D'D recevra donc la plus grande quantité de chaleur. Cette région est nommée la zone torride (*fig.* 16). »

« Les cercles C'C et D'D, situés à 23°27' de l'équateur, sont nommés : le premier, *tropique du Cancer ;* le second, *tropique du Capricorne.* »

Ainsi d'après M. Foncin, le Soleil frappe perpendiculairement (c'est *verticalement* qu'il faudrait dire) tous les points de l'équateur et PRESQUE perpendiculairement les deux tropiques.

M. Foncin ne se pique pas d'exactitude dans les termes, comme on peut le constater sans cesse en lisant son ouvrage. Que dites-vous de ce « *presque perpendiculairement* »? Cela serait vrai si le Soleil, dans sa course apparente, parcourait l'équateur pendant toute l'année, ce qui n'arrive qu'exceptionnellement, deux jours sur 365. M. Foncin ignorerait-il que le Soleil frappe deux fois par an et *verticalement* tous les points compris entre les deux tropiques, limites mathématiques de la zone torride ?

Ne saurait-il pas que les peuples habitant cette zone on reçu le nom d'*Asciens,* c'est-à-dire, sans ombre ?

Quatrième citation (même page, suite).......
« Les rayons solaires frappent plus obliquement encore la région comprise entre le cercle polaire arcti-

que et le pôle nord ; entre le cercle polaire antarctique
et le pôle sud.

« Ce sont les zones GLACIALES. »

« Ces zones, régulièrement limitées par des cercles
parallèles à l'équateur, sont CONVENTIONNELLES.
Les véritables limites des zones sont les lignes isothermes dont il sera parlé plus loin. »

Comment ! vous venez de citer les limites des
zones ; vous venez de dire que ce sont les tropiques, situés à 23° 27' de l'équateur, et les cercles
polaires...; quelques lignes plus bas, vous affir-
mez que ces limites sont CONVENTIONNELLES
en soulignant vous-même le mot !

Il est vrai que, d'après votre exposé, il semble
qu'on a tracé les tropiques aux points où les
rayons du Soleil cessent d'être *presque perpendiculaires* pour devenir obliques, et les cercles
polaires aux points où ces mêmes rayons cessent
d'être simplement obliques, pour devenir *encore
plus obliques.*

Dans ces conditions, on comprend très bien
que ces limites vous aient paru conventionnelles ;
malheureusement pour votre affirmation et votre
démonstration, elles sont absolument rigoureuses.

D'un autre côté, s'il est utile d'avertir les élèves
que la latitude d'un lieu n'indique pas exactement
son climat, nous ne voyons pas ce que les lignes
isothermes ont à faire dans l'étude mathématique
de la Terre dans l'espace.

Jusqu'à présent, M. Foncin n'a pas dit un mot de l'inclinaison de l'axe de la Terre sur le plan de son orbite, inclinaison qui joue un rôle si important dans la vie d'une planète.

Mais ne désespérons pas ; lisez ce dernier paragraphe qui va jeter un grand jour dans l'esprit des élèves.

Cinquième citation (page 5, n° 31) : « Dans son mouvement de translation, la Terre est tantôt plus élevée dans le ciel que le soleil, par rapport à une étoile, tantôt à la même hauteur, tantôt moins élevée. Ces diverses positions de la Terre ont pour conséquences :

1° L'inégale durée des jours et des nuits.

2° Des variations de température aux différentes époques de l'année.

Ces deux phénomènes produisent les saisons. »

Voilà une indication fort claire des saisons :

La Terre est tantôt plus élevée dans le ciel que le soleil, par rapport à une étoile (quelle étoile ?) *tantôt à la même hauteur, tantôt moins élevée.*

Quel non-sens ! Quelle que soit la position de la Terre, on pourra toujours faire passer un plan par les trois astres, et après? Que signifie ce *plus élevée dans le ciel que le soleil par rapport à une étoile?* Où est le haut ? Où est le bas ? Que signifie *à la même hauteur ?....*

Heureusement, M. Foncin nous promet pour plus tard la *démonstration* de ces phénomènes.

Sixième citation (page 6, n° 38) : « Les marins, pour se diriger en mer, se servent d'une BOUSSOLE. C'est un cadran au centre duquel un pivot porte une aiguille *aimantée,* mobile, dont la pointe se dirige CONSTAMMENT vers le NORD. »

Et quelques lignes plus haut, on lit :

« Pour orienter EXACTEMENT cette rose des vents, on se servira d'une BOUSSOLE. »

Nulle part, il n'est question de la *déclinaison* de l'aiguille aimantée. — N'en déplaise à M. Foncin, il n'est pas vrai que l'aiguille de la boussole se dirige constamment vers le nord. Sa direction loin d'être constante varie d'une année à l'autre, d'un lieu à un autre ; la *déclinaison* est actuellement occidentale et de 16° 56' pour Paris, d'où il suit que pour orienter *exactement,* dans une école de cette ville, une rose des vents, au moyen d'une boussole, il faut que l'aiguille aimantée fasse, avec la ligne du nord au sud, et à l'ouest de cette ligne, un angle d'environ 17°, correction considérable qu'on ne peut négliger dans une orientation *exacte.* De plus, la déclinaison est un fait physique de la plus haute importance, et il est de toute rigueur d'en parler dans une géographie élémentaire (*Cours supérieur*).

Septième citation (page 9, 1re colonne, n° 67) : « *Méthode des carreaux.....* soit à reproduire la carte de France ABCD. Je porte sur AB et AD, autant de fois qu'elle (*sic*) peuvent la contenir une longueur QUELCONQUE A*m*. Par les points de division, je trace des parallèles à AB et à AD. La carte modèle est ainsi divisée en un certain nombre de carreaux. »

« Cela fait, etc.

On le voit, c'est aussi simple que facile. L'auteur prend une longueur QUELCONQUE, la porte sur la longueur et la largeur de la carte et cette longueur quelconque est contenue un nombre exact de fois dans la longueur et dans la largeur de la carte. La figure montre très bien, en effet, que la longueur QUELCONQUE est contenue juste 6 fois sur la largeur et juste 7 fois sur la hauteur ; la carte se trouve ainsi divisée en 42 carrés égaux.

Et nous qui pensions que pour diviser en carrés égaux un rectangle donné, il fallait chercher un *diviseur commun*, une *commune mesure*, entre les deux dimensions du rectangle !

Evidemment, M. Foncin n'a jamais réduit une carte au moyen de la méthode des carreaux ; il en ignore la théorie comme la vraie pratique.

Huitième citation (page 8, n° 63) : « ÉCHELLES. Les cartes reproduisent en petit de grandes surfaces. LE RAPPORT QUI EXISTE ENTRE LA CARTE ET LA SURFACE RÉELLE SE NOMME ÉCHELLE. »

« *Soit une* LONGUEUR *de* UN MILLION *de mètres, représentée par un mètre.* »

Le dessin sera UN MILLION *de fois plus petit que la* SURFACE *représentée*; il sera à l'échelle de $\frac{1}{1.000.000}$ ou 1 : 1.000.000. (Lisez: un millionième).

Non, M. Foncin! L'échelle n'est pas *un rapport de surfaces*. Les géographes et les géomètres la définissent comme un *simple rapport de lignes*.

Il est en outre élémentaire que les surfaces semblables sont proportionnelles AUX CARRÉS de leurs côtés homologues, c'est-à-dire qu'à l'échelle de $\frac{1}{10}$, la surface d'une carte ou d'un dessin est 10 fois 10 ou 100 fois plus petite que la surface représentée; qu'à l'échelle de $\frac{1}{100}$, le dessin est 100 fois 100 ou 10.000 fois plus petit que la surface réelle, etc., etc.

Mais M. Foncin, qui fait de la géographie comme Sganarelle faisait de la médecine, *a changé tout cela*. Pour lui, une échelle est un *rapport de surfaces;* puis, comme exemple, et par un retour illogique à la vraie définition, il dit: « Soit une LONGUEUR de un million de mètres représentée par un mètre »... proposition qu'il termine par cette colossale énormité, que, dans ce cas : « LE DESSIN SERA UN MILLION DE FOIS PLUS PETIT QUE LA SURFACE REPRÉSENTÉE! »

Eh bien! L'élève qui dans un examen pour le certificat d'études répèterait cette ineptie, aurait beau se prévaloir de l'opinion d'un inspecteur général de l'instruction publique, il serait impitoyablement refusé.

Encore une fois, non, M. Foncin. A l'échelle de 1 millionième, le dessin n'est pas un million de fois plus petit que la surface réelle, mais bien $1.000.000 \times 1.000.000 = 1.000.000.000.000$, c'est-à-dire un trillion de fois plus petit'!

Et il ne s'agit pas ici d'une simple erreur de chiffres. C'est un des principes fondamentaux les plus importants de la géométrie et de la géographie qui est méconnu et violé dans un livre destiné à des commençants.

Voilà pourtant l'enseignement que l'on donne, en 1884, dans les écoles publiques de Paris et de la France !

Mais qu'importe, le livre est officiel ; il se vend ; que faut-il de plus ?

Après l'étude de la géographie mathématique M. Foncin aborde la géologie.

Lorsqu'on parcourt ce résumé, on est frappé de son manque absolu de valeur scientifique : Erreurs dans le texte et dans les figures, inexactitudes, ignorance complète de la signification des termes techniques employés, confusions, lacunes inexcusables sur les minerais, les roches, le quaternaire, la période glaciaire, le contemporain, etc., enfin, incompétence radicale dans l'exposé, pourtant ultra-rudimentaire, des théories géogéniques.

Nous n'en finirions plus avec les citations, si nous voulions suivre M. Foncin pas à pas. Il faut pourtant donner un exemple :

Page 10, colonne 1. « 2ᵉ *Terrain primaire. (Ter-*
« *rains primaires,* s'il vous plaît). *La vie apparaît*
« *sur la Terre sous la forme d'animaux à corps mou*
« *et à coquille, du genre* MOLLUSQUE (TRILOBITE)
« (fig. 41, nᵒ 1, trilobite, grosseur d'un hanneton). »

Autant de mots, autant d'inepties.

Il n'est pas vrai que la vie ait apparu sur la Terre sous la forme d'animaux.

Les trilobites, animaux types cités comme exemple, bien qu'appartenant aux terrains primaires, sont loin d'être les premiers animaux parus.

Les trilobites ne sont pas des animaux à corps mou.

Les trilobites n'ont pas de coquille.

Les trilobites ne forment pas un genre.

Les trilobites ne sont pas des mollusques.

Enfin les trilobites ne sont pas de la grosseur d'un hanneton ; il y en a de tailles très diverses.

Mais un enfant de quinze ans qui a feuilleté *la Terre avant le déluge* de Louis Figuier, sait fort bien que les trilobites sont des animaux à carapace et appartiennent au groupe des *crustacés !*

Vraiment, que voulez-vous que les étrangers pensent de notre enseignement, lorsque des livres signés par les plus hauts fonctionnaires de l'instruction publique, des livres patronnés, récompensés, adoptés par la ville de Paris, fourmillent d'erreurs pareilles !

Assez de cet ouvrage. Nous ne voulons pas relever les nombreuses erreurs de chiffres, les lacunes géographiques, les erreurs de cartes (lorsqu'on peut les lire), les erreurs économiques, etc., etc.

Il nous reste à dire un mot de la méthode et pour la mieux juger, nous examinerons le cours moyen : *La Première année de géographie.* (Même méthode que la *Deuxième année*).

Après quelques notions plus qu'insuffisantes sur la géographie physique, l'auteur commence l'étude des départements groupés par bassins (avec cartes). Cette étude, qui forme la partie la plus importante du livre, est présentée sous forme de TABLEAUX A RÉCITER, comme l'auteur l'indique en gros caractères.

Les notions contenues dans ces tableaux se bornent à une sèche et stérile nomenclature de noms comprenant :

1° Les noms des départements ;

2° Les noms des anciennes provinces ;

3° Les noms des chefs-lieux de Préfecture ;

4° Les noms des chefs-lieux de sous-préfecture ;

5° Les noms des autres villes tant soit peu importantes ;

6° Les noms des cours d'eau sur lesquels ou près desquels les villes sont situées ;

En tout à peu près 600 noms qu'on donne à réciter à des enfants de 9 à 11 ans.

Y a-t-il un seul élève capable de cet effort de mémoire ? Et, s'il s'en trouve un, pendant combien de temps retiendra-t-il, sans tout confondre, une telle avalanche de noms ?

Et après cet effort inouï, que saura-t-il ? Autant vaudrait lui faire apprendre quelques pages d'un indicateur de chemins de fer, en ayant soin de lui faire suivre chaque station sur la carte annexée.

Avec un pareil système, l'élève doit devenir aussi fort en géographie que ce qu'il le deviendrait en mathématiques, si on lui faisait apprendre par cœur une table de logarithmes.

Quel chapitre éloquent, M. de Laprade aurait pu ajouter à son livre sur l'*Education homicide !*

Ah ! si M. Foncin avait fait seulement quinze jours de classe à des enfants, comme il aurait modifié sa méthode !

Est-ce tout? non. Pour concentrer encore plus l'attention sur ces nomenclatures, M. Foncin a placé sur les *gardes* même du livre une carte muette remplie de chiffres servant aux interrogations. Et savez-vous ce qu'on demande aux enfants? On leur demande de connaître les noms et la *position exacte* de toutes les sous-préfectures! Ecoutez les deux questions types données comme exemples par l'auteur:

« SOUS-PRÉFECTURES ET AUTRES VILLES. Question. — Dans le département 24 quelle est la sous-Préfecture 1? *Réponse*, Montargis. — Quelle est la sous-Préfecture 3 ? *Réponse*, Pithiviers. »

Si M. Foncin posait ces questions, non pas à un enfant de 9 ans, mais à un membre de l'Institut, celui-ci pourrait bien lui répondre comme Victor Cousin: « *Je n'en sais rien, et j'en suis* « *charmé, car cela aurait tenu dans mon cerveau* « *une place qui pouvait être mieux employée.* »

II. — M. Brouard

M. Brouard, Inspecteur général de l'enseignement primaire, membre du Conseil supérieur de
l'instruction publique, a publié trois volumes
intitulés : *Leçons de géographie* (cours élémentaire, cours moyen, cours supérieur). Ces livres
sont inscrits sur la liste des ouvrages fournis
gratuitement par la Ville de Paris à ses écoles,
et sont adoptés par un très grand nombre de
commissions départementales.

Nous avons sous les yeux le *Cours supérieur*,
3ᵉ édition, 1 volume in-12 ; et le *Cours moyen*, 3ᵉ
édition, 1 volume in-12. C'est là que nous allons
puiser nos citations.

Première citation. — COURS SUPÉRIEUR, (1ʳᵉ
et 2ᵐᵉ page): « *Les points cardinaux.* — S'orienter,
c'est reconnaître l'Orient, et se placer de manière à
avoir ce point à sa droite. Dans cette situation, on a
à sa droite l'Orient, levant ou est ; à sa gauche, le
couchant, occident ou ouest ; devant soi, le nord ou
septentrion ; derrière soi, le midi ou sud. Ces points
principaux se nomment *les quatre points cardinaux*. »

Qu'est-ce que l'orient, d'après M. Brouard ?
Nous n'en trouvons la définition que dans son
Cours élémentaire, page 7 : « *L'est, l'orient* ou le
levant est le POINT *où le soleil se lève.* »

Rien de plus inexact que la détermination des quatre points cardinaux par le soleil levant.

Il n'est pas un de nos campagnards qui ne sache que le soleil se lève tous les jours en un point différent de celui de la veille. Ils savent tous qu'en été (au solstice) le soleil se lève, en France, près du nord-est, et se couche près du nord-ouest; qu'en hiver, (au solstice) le soleil se lève près du sud-est, et se couche près du sud-ouest. Comment donc peut-on déterminer le nord et le sud qui sont des points fixes, à l'aide de points de départ qui varient chaque jour ? — D'ailleurs, dans nos pays, *l'erreur pratique* que l'on commet en s'orientant ainsi peut être très considérable.

Bien entendu, M. Foncin, lui aussi, ne manque pas de conseiller la même méthode erronée, et l'explique par une figure encore plus erronée.

L'orientation ne peut s'obtenir exactement qu'au moyen des étoiles, ou à midi précis, au moyen d'une méridienne; enfin par la boussole, avec la correction que nous avons indiquée plus haut.

Deuxième citation. — COURS MOYEN, (p. 11) : « *Mouvement diurne.* — Lorsque le soleil paraît à l'orient le matin sur *notre horizon*, lorsqu'il *se lève*, IL EST A 180° DU POINT OPPOSÉ DE L'OCCIDENT ET *à 90° du point où nous sommes.*

Il monte peu à peu; lorsqu'il est *au-dessus ou*

presque au-dessus de nos têtes, il est à notre *méridien*, c'est-à-dire *au-dessus d'une circonférence de
cercle qui, comme nous l'avons expliqué plus haut
passerait par les pôles et par l'équateur en même
temps que sous nos pieds.* IL A FOURNI LA MOITIÉ
DE SA COURSE SUR NOTRE HORIZON ; IL A PARCOURU
90°. Il est alors midi pour nous et pour tous les peuples qui sont sur notre méridien. »

Que veut bien dire M. Brouard ? Essayons de
le comprendre.

Evidemment M. Brouard veut exposer la course
apparente décrite par le soleil ; or, l'assertion que
*le soleil, lorsqu'il se lève sur notre horizon est à
180° du point opposé où il se couche, n'est vraie
que deux jours sur 365.* Elle est parfaitement
vraie, toute l'année, pour les pays situés sous la
ligne équinoxiale.

Mais M. Brouard veut bien nous avertir qu'il
n'écrit pas pour les petits nègres du Gabon, ni
pour les peuplades de Bornéo ou du bassin de
l'Amazone, puisqu'il dit que le fait se passe *sur
notre horizon.* Eh bien! sur notre horizon, les
faits ne se passent pas du tout comme l'auteur
les expose.

Quant à l'expression : A 90° DU POINT OU NOUS
SOMMES, nous n'en comprenons pas le sens.

Que dire aussi de ce soleil qui passe au méridien lorsqu'il est *au-dessus de nos têtes* ou *presque au-dessus de nos têtes,* et de la définition de
ce méridien ?

M. Brouard continue : lorsque le soleil est à notre méridien, IL A FOURNI LA MOITIÉ DE SA COURSE SUR NOTRE HORIZON. Ceci est sensiblement exact et vrai toute l'année.

Malheureusement M. Brouard retombe dans sa première erreur lorsqu'il ajoute : « IL A PARCOURU 90° ; il est alors midi, etc. » L'auteur devrait savoir que le soleil, dans sa course apparente décrit, *sur notre horizon* des arcs d'une étendue *sans cesse variable*, tantôt plus grands que 180°, et tantôt plus petits. De son lever à son passage au méridien le soleil décrit donc un arc tantôt supérieur, tantôt inférieur à 90°.

Troisième citation. — COURS SUPÉRIEUR (p 5.): « ....., *il peut y avoir* une infinité de méridiens ; CHAQUE NATION A OU PEUT AVOIR LE SIEN. *Le méridien* adopté en France est celui de Paris, passant par l'Observatoire et par l'église St-Sulpice. »

IL PEUT Y AVOIR *une infinité de méridiens !* Mais IL Y A bien réellement une infinité de méridiens ; mais chaque point du globe A SON MÉRIDIEN.

Que signifie alors : *Chaque nation a ou peut avoir le sien ?*

Pourquoi cette confusion entre les méridiens en nombre infini et les quelques *méridiens d'origine* employés par les géographes comme points de départ des longitudes dont M. Brouard n'a pas encore parlé ?

Nous venons de citer trois exemples entre
mille de l'obscurité permanente dont M. Brouard
enveloppe son enseignement, des non-sens et des
erreurs qui compliquent en outre son exposé.
Nous renonçons à les relever l'une après l'autre ;
nous ne dirons rien non plus de sa méthode qui
consiste en une nomenclature exhubérante, bien
pire que celle de M. Foncin ; les rares notions
physiques ou économiques données dans ce livre
ne s'y trouvent également que sous forme d'in-
terminables énumérations, comme on peut s'en
convaincre en ouvrant le livre au hasard.

Enfin, pour donner une idée complète de la
valeur scientifique de l'ouvrage, ajoutons un dernier exemple.

Cours supérieur (page 6): « *Degrés de longitude
et de latitude.* Toute circonférence de cercle se divise
en 360 degrés. L'équateur étant ainsi partagé, si par
chaque point de division on fait passer 360 circonférences de cercle (demi-circonférences, s'il vous plaît)
allant d'un pôle à l'autre, comme les méridiens, on
aura 360 degrés de *longitude*, soit 178 degrés de *longitude orientale* et 178 degrés de *longitude occidentale*, le soixante-dix-neuvième (*sic*) étant commun, et
le méridien, point de départ des longitudes, étant
marqué par zéro. »

Avez-vous compris comment il n'y a que 178
degrés de longitude orientale et 178 degrés de

longitude occidentale ? non, n'est-ce pas ? et M. Brouard le comprend-il lui-même ? Pas davantage. C'est du galimatias double. On appelle ainsi le langage d'un homme qui parle sans se faire comprendre et qui ne sait pas lui-même ce qu'il dit.

Essayons toutefois de deviner ce que l'auteur a voulu dire : Il est tout d'abord évident que pour M. Brouard, les méridiens (ou mieux les demi-méridiens) sont les degrés de longitude ; il le dit d'ailleurs, en termes formels, dans son cours moyen, page 4, où l'on trouve :

« *Les degrés de longitude sont par conséquent des demi-circonférences de cercle* (des hémi-méridiens) *allant d'un pôle à l'autre et passant par l'équateur.* »

Voici donc comment M. Brouard a dû raisonner :

Le méridien marqué par *zéro* ne compte pas, et le 179ᵉ degré (pardon, c'est du 180ᵉ qu'il veut parler) étant commun, ne compte pas non plus ; par conséquent de 180 *méridiens* ôtez 2, il reste 178..... *degrés !* Donc il n'y a que 178 degrés de longitude orientale, et 178 degrés de longitude occidentale. *C. Q. F. D.*

Mais non, M. Brouard : il y a rigoureusement 180 degrés de longitude à l'est et 180 degrés de longitude à l'ouest du méridien d'origine ; les 180 degrés sont entiers, complets, de part et d'autre.

AUCUN DEGRÉ N'EST COMMUN. Quoique le demi-méridien marqué 180 forme une *limite commune* entre les longitudes orientales et les longitudes occidentales, il ne s'ensuit pas que le 180ᵉ degré long. Est se confonde avec le 180ᵉ degré long. Ouest ; ce sont des degrés entièrement distincts.

Ainsi, sur le cadran d'une montre, quoique le point *midi* soit la *limite commune* entre la douzième heure du matin et la première heure du soir, on comprend combien il serait absurde de dire que ces deux heures sont communes, se confondent, n'en font qu'une.

Continuons :

COURS SUPÉRIEUR (page 6) : « Si l'on trace sur un demi-méridien des points de division et qu'on fasse passer par ces points des circonférences de cercle parrallèles à l'équateur, on aura des degrés de *lati-tude*, 88 degrés de *latitude nord* ou *septentrionale*, et 88 degrés de *latitude sud* ou *méridionale* ; abs-traction étant faite de l'équateur, point de départ et de deux cercles qui seraient nuls sous les pôles. »

M. Brouard annonce *urbi et orbi*, qu'il n'y a que 88 degrés de latitude nord et 88 degrés de latitude sud. Cette bonne nouvelle va réjouir les hardis navigateurs qui malgré tant d'efforts et de souffrances n'ont pas encore réussi à planter leur drapeau aux pôles de la terre ; malheureusement M. Brouard n'est pas infaillible, et quoi qu'il en

dise, il y a toujours 90 degrés de latitude bien
entiers, bien comptés de l'équateur aux pôles. (*)

M. Brouard confond encore ici les *parallèles*
avec les degrés de latitude ; il confond les parallèles, qui sont des circonférences complètes,
parallèles à l'équateur, avec les degrés de latitude, qui sont des arcs de méridien, allant de
0° à 90°, et PERPENDICULAIRES à l'équateur.

Eh bien ! nous le demandons encore une fois,
que doivent penser les étrangers de notre enseignement public ? Que doivent dire nos ennemis
d'Outre-Rhin, à la lecture de nos géographies
officielles signées par des Inspecteurs généraux,
des Membres du Conseil supérieur de l'Instruction publique ?

Que doivent-ils penser à la lecture de ces
livres officiels, adoptés par la ville de Paris et
qui sont considérés comme nos premiers et nos
meilleurs ouvrages de géographie élémentaire ?

Mais alors, si ce sont là nos meilleurs ouvrages,
que doivent être les autres ?

Les autres ? ah ! nous défions qu'on trouve dans
aucun d'eux pareilles accumulations d'inepties.

(*) Si M. Brouard avait voulu compter un à un les parallèles tracés de degré en degré de l'équateur au pôle, il en
aurait trouvé 89, déterminant, de l'équateur au pôle,
90 degrés ; de la même manière que *n* barreaux divisent
une fenêtre en *n* + 1 espaces vides.

Même observation pour les méridiens tracés de degré en
degré, entre 0 et 180.

III. — La Myopie Scolaire

Dans l'avertissement placé en tête de cette étude, nous avons dit qu'un *livre officiel* devait être irréprochable dans son texte comme dans son exécution matérielle. Nous venons d'apprécier la valeur scientifique de deux ouvrages officiels ; passons à l'examen de la seconde condition.

M. Foncin a fait imprimer sa *Première* et sa *Deuxième Année de Géographie* d'une façon déplorable. Nous ne dirons rien du goût typographique qui caractérise ces ouvrages ; c'est l'utilisation à outrance du papier, au détriment de la beauté du livre. M. Foncin réduit les marges à leur plus simple expression ; il supprime la page hollandaise en face du frontispice, décapite parfois le livre du frontispice même ; il utilise les *gardes* (et il s'en vante !) ; il place la méthode d'enseignement sur la première page des couvertures, etc ; enfin, et ceci est plus grave, comme il veut faire entrer le plus de matière possible, dans le moins de pages possible, M. Foncin emploie de très petits caractères, préparant ainsi à notre armée des régiments de myopes.

Et dire que ces livres sont officiels ! Ce n'est pas la protection, mais l'interdiction officielle qu'il faudrait pour tout livre imprimé de la sorte.

3

M. Brouard, au contraire, semble protester contre cette malfaçon, par le choix des caractères, le luxe de l'impression, l'élégance et la solidité des cartonnages. Si donc il est douteux que les *Leçons de Géographie* de M. Brouard puissent former des géographes, à coup sûr ces *Leçons*, admirablement imprimées, ne feront pas de myopes.

Cette comparaison nous conduit à l'examen d'une des questions pédagogiques les plus importantes : nous voulons parler de la *myopie scolaire*.

A l'étranger, en Allemagne surtout, les savants, les économistes, l'état-major de l'armée, l'opinion publique tout entière, se préoccupent depuis longtemps de cette grave question, d'autant plus grave que LA MYOPIE ACQUISE SE FIXE PAR L'HÉRÉDITÉ.

Les statistiques sur la myopie sont de plus en plus inquiétantes.

Ainsi, le docteur Hermann Cohn, de Breslau, a constaté que sur 10.060 élèves des écoles primaires 1.730 étaient atteints dans leur vue, et que sur ce nombre 1.004 étaient myopes ; cette énorme proportion de 10 °/. s'accroît encore chez les élèves de l'enseignement secondaire.

Des études sérieuses sur la myopie scolaire ont été également publiées en France.

Par une délibération en date du 23 mars 1880, la Faculté de Médecine de Paris transmettait au Ministre de l'Instruction publique, le rapport du docteur Javal, sur les progrès de la myopie dans les écoles.

Malgré l'urgence de la question, ce rapport resta enfoui dans les cartons pendant plus d'un an.

Enfin, par arrêté du 1er Juin 1881, M. le Ministre de l'Instruction publique nomma une *Commission pour l'Hygiène de la Vue*, composée des personnalités les plus éminentes :

MM. GAVARRET, inspecteur général de l'enseignement supérieur, président.

JAVAL, directeur du laboratoire d'ophtalmologie à la Sorbonne.

PANAS, professeur d'ophtalmologie à la Faculté de médecine de Paris.

PERRIN (Maurice), membre du Conseil de santé de l'Armée.

GARIEL, professeur agrégé à la Faculté de médecine de Paris.

DE MONTMAHOU, inspecteur général de l'enseignement primaire.

MASSON (Georges), éditeur.

HACHETTE (Georges), éditeur.

GAUTHIER-VILLARS, imprimeur.

Cette Commission était chargée de « *rechercher*

« *les causes du progrès constant de la myopie*
« *parmi les écoliers et d'indiquer les remèdes à*
« *une situation qui va empirant de jour en jour.* »

Après plusieurs réunions plénières, le docteur Gariel fut chargé de consigner, dans un rapport, les conclusions de la Commission.

Nous voudrions reproduire *in extenso* ce remarquable document que tous les instituteurs devraient connaître. Nous nous bornons à extraire de ce rapport ce qui est plus spécialement relatif aux livres scolaires :

« Il a été d'abord admis comme un fait hors
« de toute contestation, que la myopie se
« produit chez les sujets prédisposés, quand ils
« regardent de trop près leurs livres et leurs
« cahiers. »

« .... La tâche de la Commission s'est donc
« trouvée réduite à rechercher les causes qui
« amènent les enfants à se pencher pendant le
« travail. »

Une cause générale de myopie est, pour les classes, un éclairage défectueux, et pour les livres scolaires, L'EMPLOI DE CARACTÈRES TROP FINS. La Commission a donc été amenée à fixer quelle était la grandeur *minima* des caractères à admettre pour les livres classiques.

« La majorité de la Commission, à laquelle se
« sont ralliés les trois éditeurs qui en font partie,
« a été d'avis que *les livres scolaires ne doivent*

« *pas être imprimés plus fin qu'en huit inter-*
« *ligné d'un point.* En d'autres termes, elle
« propose que chaque ligne, avec son blanc,
« occupe en hauteur au *minimum* trois milli-
« mètres et un tiers (3,384). De plus, la Commis-
« sion demande qu'il n'y ait pas, en moyenne,
« plus de sept lettres par centimètre courant de
« texte ; *ces conditions sont* INDISPENSABLES, *mais*
« *elles pourraient être insuffisantes si le tirage*
« *était fait sans soin, avec des caractères usés,*
« *etc., etc.*

« Des caractères moindres ne sont admissibles
« que par exception et pour des notes de peu
« d'étendue. »

La Commission conclut donc au refus de
tout livre qui ne serait pas imprimé dans les conditions *minima* indiquées ci-dessus.

Par conséquent, pour s'assurer qu'un livre
scolaire réunit ces conditions *minima, il faut
prendre 10 lignes consécutives dans un même
alinéa et mesurer la hauteur de ces dix lignes ;
si cette hauteur a moins de 34 millimètres* (*) *le
livre doit être absolument refusé ; et si la hauteur
n'atteint que cette limite de 34 millimètres, il
faut en outre que l'impression soit irréprochable.*

(*) Le Dr Hermann Cohn demande 40 millimètres au lieu
de 34 ; étant données les conditions d'éclairage plus que
défectueuses de toutes nos habitations, nous partageons
complètement l'opinion du savant docteur.

Si, comme exemple, nous appliquons cette règle à la *Première* et à la *Deuxième année de Géographie* de M. Foncin, nous trouvons que 10 lignes de texte n'occupent que 30 m/m. de hauteur, et que 10 lignes d'exercices n'occupent que 26 m/m. (les notes sont en caractères encore plus microscopiques) ; en outre, l'impression laisse beaucoup trop à désirer. D'où il suit que ces deux ouvrages doivent être, en vertu de la décision de la Commission pour l'hygiène de la vue, absolument proscrits de toute école publique et de toute école libre, car il n'est pas plus permis d'aveugler nos enfants que de les installer dans des locaux insuffisants ou insalubres.

Eh bien ! Avions-nous raison de dire que ce n'était pas la protection officielle, mais l'interdiction officielle qu'il fallait pour des livres imprimés comme le sont la *Première année* et la *Deuxième année de Géographie* de M. Foncin !

Mais qu'est devenu le rapport du Dr Gariel ? Quelle application sérieuse en a-t-on faite ? Quelle mesure a-t-on prise ? Quelles influences ont étouffé ce rapport ? Nous demandons une enquête à M. le Ministre de l'Instruction publique.

Pour satisfaire aux conditions d'éclairage des locaux scolaires, il faudra du temps et des millions ; les millions, on les dépensera et ce sera une dépense utile.

— Quant aux livres classiques, il aurait suffi d'un simple arrêté ministériel, pour proscrire des écoles, dans un délai donné, tout livre qui ne remplirait pas les conditions énoncées dans le *Rapport* ; cet arrêté, on ne l'a pas pris.

Et pourtant le livre scolaire, s'il est mal édité, est le plus terrible propagateur de la myopie, car l'enfant ne se sert pas du livre seulement à l'école, il l'étudie aussi à la maison, *dans des conditions d'éclairage qui sont et resteront toujours déplorables*. En outre, un livre imprimé en trop petits caractères est d'autant plus dangereux et plus perfide que le myope lit avec facilité les caractères les plus fins, résultat qu'il obtient en se rapprochant davantage, c'est-à-dire en augmentant de plus en plus son degré de myopie. Le docteur Javal l'a déjà proclamé : « dans la « production des livres classiques, il faut éviter « les défauts grâce auxquels DES GÉNÉRA- « TIONS ENTIÈRES SONT MENACÉES DE « MYOPIE.» (*Revue Scientifique* du 25 juin 1881).

En présence d'une question aussi importante, d'un véritable péril national, l'incurie du Gouvernement serait déjà bien coupable.

Mais quand on pense que le Gouvernement a été averti par la Faculté de Médecine de Paris, par une Commission qu'il a nommée lui-même à l'effet « de rechercher les causes du PROGRÈS

« CONSTANT DE LA MYOPIE parmi les éco-
« liers, et d'indiquer les remèdes à une situation
« qui va EMPIRANT DE JOUR EN JOUR » (*);
quand on pense que cette Commission, dont personne ne peut contester l'autorité, a indiqué les
causes et a indiqué les remèdes ; quand on pense
que le Ministère de l'Instruction publique dis-
pose, pour agir, de moyens puissants et immé-
diats, de quel nom faudra-t-il appeler la protection officielle qu'il accorde aux livres que nous
venons de voir ?

Après cette digression, reprenons l'examen
des livres officiels.

(*) M. Maurice Perrin a constaté que la proportion des
myopes à l'École Polytechnique s'est élevée, en quinze ans,
de 30 0/0 à 50 0/0.

IV. — M. Leyssenne.

M. Leyssenne, est un troisième inspecteur général auteur. Il a publié un COURS D'ARITHMÉTIQUE, en trois volumes in-12 : *L'Année préparatoire d'arithmétique; la Première année d'arithmétique; la Deuxième année d'arithmétique.*

Naturellement ces livres sont adoptés par la Ville de Paris et chacun d'eux porte, sur le frontispice et la couverture, cette mention : « *Le Cours de M. Leyssenne est inscrit : 1° sur la liste des ouvrages fournis gratuitement par la Ville de Paris; 2° sur les listes départementales.*»

Et ces ouvrages ont si naturellement leur place réservée sur ces listes, que la mention précédente s'étale sur le frontispice du PREMIER TIRAGE de *l'Année préparatoire.* Ainsi on a osé imprimer cette mention, avant même que le livre ait pu être examiné par une Commission quelconque, avant même qu'un seul exemplaire ait pu être livré au public.

Passons à l'examen de ces ouvrages.

Certes, après les nombreux et excellents traités d'arithmétique publiés depuis vingt ans, on ne doit pas s'attendre à ce que M. Leyssenne commette des inepties aussi formidables que celles

déjà relevées contre ses deux collègues, MM.
Foncin et Brouard ; mais les livres de M. Leyssenne sont loin d'être irréprochables, et n'ont, à
notre avis, aucune supériorité sur une foule d'ouvrages similaires.

Donnons un coup d'œil à la *Première année*.
Nous lisons dans la préface :

« Contrairement aux HABITUDES ACQUISES,
« nous n'avons pas hésité à citer certains noms
« d'anciennes mesures qu'un usage constant
« rattache au *système métrique* ; tels sont le sou,
« la lieue, le boisseau, la livre. Nous nous de-
« mandons pourquoi un traité pratique d'arith-
« métique tiendrait à l'écart des termes PRATI-
« QUES qui, par leur nouvelle valeur dérivent du
« système décimal. »

Ainsi, voilà un haut fonctionnaire de l'Etat, un
Inspecteur général de l'Instruction publique, qui
se demande pourquoi ces dénominations anciennes sont bannies de l'enseignement public, et il
n'hésite pas, *contrairement aux habitudes acquises*, à les introduire dans son livre.

M. Leyssenne ignore donc l'histoire du système
métrique. Il ignore que la loi du 4 juillet 1837
condamne d'une manière absolue et sous peine
d'amende l'emploi *de toutes dénominations
anciennes.* (*)

(*) Art. 5. Toutes dénominations de poids et mesures
autres que celles portées dans le tableau annexé à la pré-

Il ignore que, depuis 1837, les instructions ministérielles ont toujours interdit rigoureusement, dans les écoles primaires, toute dénomination ou conversion d'anciennes mesures. Inutile d'insister sur le but et la portée de cette interdiction.

M. Leyssenne ignorerait-il aussi que les nouveaux programmes officiels du 27 juillet 1882 continuent d'exclure de l'enseignement primaire toute notion sur les anciennes mesures ?

C'est pour obéir aux prescriptions formelles de la loi, aux programmes, aux instructions ministérielles, et non à des *habitudes acquises*, comme il plaît à M. Leyssenne de les appeler, qu'à partir de 1840 les auteurs d'arithmétique élémentaire ont cessé d'employer les anciennes dénominations.

M. Leyssenne objecte naïvement que les déno-

sente loi, et établies par la loi du 18 germinal an III, sont interdites dans les actes publics ainsi que dans les affiches et annonces.

Elles sont également interdites dans les actes sous-seing privé, les registres de commerce et autres écritures privées produites en justice.

Les officiers publics contrevenant seront passibles d'une amende de vingt francs, qui sera recouvrée sur contrainte comme en matière d'enregistrement.

L'amende sera de dix francs pour les contrevenants : elle sera perçue pour chaque acte ou écriture sous signature privée; quant aux registres de commerce, ils ne donneront lieu qu'à une seule amende pour chaque contestation dans laquelle ils seront produits. (Loi du 4 juillet 1837).

minations anciennes sont *pratiques ;* mais elles
l'étaient bien davantage en 1837, et pourtant le
législateur n'a pas hésité à les proscrire. Aujour-
d'hui ces expressions vicieuses ne sont presque
plus en usage, et dans tous les cas, ce qui n'est
pas du tout *pratique,* c'est de perpétuer les *calculs de conversion* que la loi a voulu éviter à tout
prix.

Ce que M. Leyssenne donne comme une innovation est donc simplement une vieillerie et une
illégalité. (*)

En parcourant rapidement le texte nous remar-
quons d'abord les opérations des nombres déci-
maux mélangées avec celles des nombres entiers,
dès les premières pages du livre, méthode con-
damnée avec raison par les programmes de 1882 ;
la table de Pythagore, poussée jusqu'au facteur
12, comme si, bornée au facteur 9, cette table
n'était pas déjà bien difficile à apprendre pour
des enfants ; puis des définitions incomplètes, on
pourrait dire inexactes, entre autres celle de la
division. Inutile de rappeler les calculs de conversion d'anciennes mesures émaillant les volumes de son cours.

Arrivons à une innovation dont le mérite, cette

(*) Voir à ce sujet l'excellente *Arithmétique* de M. Tarnier, pages 180 et 187.

fois, revient tout entier à M. Leyssenne : C'est la transformation des dernières pages du livre en réclames, comme dans les journaux.

En effet, les deux dernières pages de ce petit volume sont occupées par...... une annonce en faveur de la Cⁱᵉ D'ASSURANCES SUR LA VIE *LA NATIONALE, Rue de Grammont, à Paris,* avec exemples d'opérations, capitaux de garantie, bénéfices distribués, chiffres étourdissants, envoi *franco* du prospectus ! ! !

Nous n'avons rien à dire contre l'honorabilité et la solidité de la Cⁱᵉ *La Nationale.* Mais nous trouvons étrange que M. Leyssenne, haut fonctionnaire de l'Etat, fasse un éloge aussi exagéré des Compagnies d'assurances, et ne conseille ni la *Caisse des retraites pour la vieillesse,* ni la *Caisse d'assurances en cas de décès ou en cas d'accidents,* institutions fondées par l'Etat et qui offrent, sous tous les rapports, une garantie supérieure à celle des Compagnies les plus puissantes.

Ces institutions de l'Etat ont été créées pour favoriser les PETITS CAPITAUX, les PETITES ÉCONOMIES, et les avantages faits aux déposants sont tels que le Trésor public est en perte chaque année, bien que le service de ces caisses soit fait *gratuitement* par le nombreux personnel des Finances.

Enfin, « *les versements sont facultatifs ; leur* « *interruption n'entraîne aucune déchéance,* » et chaque somme versée donne lieu à une liquidation distincte et à une inscription sur le livret du déposant, qui peut ainsi connaître sa situation à chaque nouveau versement.

En conséquence, nous dirons à notre tour aux Instituteurs : gardez-vous de suivre les conseils de M. Leyssenne ; adressez-vous à l'Etat, et demandez par *lettre non affranchie*, à M. le Directeur de la Caisse des Dépôts et Consignations, un *livret-notice* sur la *Caisse des retraites pour la vieillesse et sur les Caisses d'assurances.* Vous recevrez ce livret gratuitement et *franco.*

Maintenant un mot sur la *Deuxième année d'arithmétique.*

Nous n'avons ni le courage ni le temps de lire ce volume de 400 pages, qui n'est pas une arithmétique proprement dite.

Ce qui nous frappe à première vue, en parcourant ce livre, c'est l'emploi abusif des petits caractères.

Le texte lui-même atteint à peine la limite *minima* fixée par la Commission pour l'hygiène de la vue ; toutefois, dans l'édition que nous avons sous les yeux, la mauvaise qualité du tirage rend cette limite « *insuffisante* » et serait, à elle seule, une cause d'exclusion.

Mais, ce qui est autrement grave, c'est qu'on y rencontre un grand nombre de pages du texte

ainsi que la totalité des 3.000 problèmes, for-
mant de longues séries de pages, imprimées en
six faiblement interligné.

Donc ce livre est encore bien au-dessous des
conditions *minima* fixées par la Commission pour
l'hygiène de la vue, et devrait être formellement
refusé. Ce qui n'empêche pas la Ville de Paris
de faire distribuer gratuitement cet ouvrage,
semant ainsi, avec son or, la myopie dans ses
écoles communales

V. — M. Le Bourgeois.

Voici un quatrième inspecteur général auteur :

M. Le Bourgeois, inspecteur général de l'Instruction publique, associé à M. Pichard, inspecteur des écoles primaires de la Ville de Paris, a publié deux petits livres de compilation, qui, cela va sans dire, sont adoptés par la Ville de Paris, pour être distribués gratuitement dans ses écoles.

Nous trouvons d'abord un petit volume in-12, intitulé : LECTURES ENFANTINES, premier livre de lecture courante, (10ᵐᵉ édition).

Parmi les morceaux plus ou moins insignifiants de ce recueil, nous rencontrons la sempiternelle histoire du *Petit Chaperon rouge*.

Quel profit peut-on tirer de ces contes absurdes, immoraux, horribles, qui jettent dans l'imagination des enfants de folles terreurs dont il est, plus tard, si difficile de les guérir ? Est-ce à l'aide de contes de cette espèce qu'on espère *former le cœur et l'intelligence des enfants*, phrase banale empruntée par M. Le Bourgeois à son collègue M. Leyssenne ou peut-être par M. Leyssenne à M. Le Bourgeois.

4

Nous trouvons ensuite un tout petit volume de 25 centimes. Cette brochure intitulée : LES RÉCITATIONS DU SAMEDI est, en 1883, à sa 19ᵉ édition et porte sur la couverture, *ouvrage inscrit sur la liste des livres fournis gratuitement par la Ville de Paris à ses écoles communales, par les villes de Lyon, Lille, Limoges, etc.*

L'ouvrage, empreint d'un esprit de réaction, de dévotion et de cléricalisme, débute ainsi :

Invocation à Dieu

Que dès notre réveil notre voix te bénisse ;
Qu'à te chercher notre cœur empressé
T'offre ses premiers vœux et que par toi finisse
Le jour par toi saintement commencé.
Nous t'implorons, seigneur ; tes bontés sont nos armes.
Etc., etc.

Nous n'avons rien à dire de cette poésie, ni de l'intention des auteurs ; mais où notre critique commence, c'est dans la pièce intitulée : *LA LETTRE AU BON DIEU*, page 34, et qui débute par le vers suivant :

« Mains jointes, à genoux devant un crucifix, »

Cette pièce est d'un mysticisme tel que les Dames du Sacré-Cœur ou du Verbe Incarné, hésiteraient à la faire apprendre à leurs élèves.

A la page 10, nous trouvons :

Le Clocher

Oh ! ne quittez jamais, c'est moi qui vous le dis,
Le devant de la porte où l'on jouait jadis,
L'église où, tout enfant, et d'une voix légère
Vous chantiez à la messe, auprès de votre mère ;
   Etc., etc.

A la page 26.

La Prière et l'Aumône

Jean et Robert allaient à la messe un dimanche, etc.

A la page 25, nous lisons en titre : LA CHUTE D'ADAM ET LE SAUVEUR PROMIS.

A la page 42 : LES ROGATIONS.

A la page 17 : LA BARQUE DE L'ÉMIGRÉ.

Dans cette dernière pièce, Chateaubriand fait un récit invraisemblable des souffrances et des angoisses d'un émigré sous la Terreur, etc.

Ces citations suffisent pour donner une idée de l'esprit du livre.

Au point de vue clérical, M. Le Bourgeois n'est égalé que par M. Brouard.

En effet, dans ses trois ouvrages de géographie, même dans son cours supérieur, M. Brouard parle des races humaines et du peuplement de la Terre d'après les récits de l'Histoire Sainte, absolument comme si l'anthropologie moderne n'existait pas.

Voici par exemple ce qu'il dit dans son *Cours
élémentaire*, page 48 :

Tous les hommes qui habitent la terre, encore bien
qu'ils descendent d'Adam et d'Eve, et des trois fils de
Noé, Sem, Cham et Japhet, sont loin de se ressembler parfaitement.

Sous l'influence des climats, la conformation de
leurs traits, la couleur de leur peau surtout, se sont
singulièrement modifiées.

...... Les descendants de Japhet paraissent avoir
peuplé l'Europe, les descendants de Sem l'Asie, et les
descendants de Cham l'Afrique.

Nous comprenons fort bien que dans des
ouvrages élémentaires on s'abstienne de discuter
certaines questions d'origine encore obscures et
surtout délicates. Mais au moins, dans un cours
de géographie, dans un cours de science, on ne
devrait faire que de la science et ne pas présen-
ter des questions de foi comme des faits scienti-
fiques.

Devant ces citations on se demande ce que
devient la neutralité religieuse dans les écoles
laïques promise si souvent par M. Jules Ferry.

Mais ce qui nous étonne au delà de toute expression, pour le livre de M. Le Bourgeois surtout, c'est que le Conseil Municipal de Paris, qui
fait enlever les crucifix des écoles et jusqu'à une
croix de la porte d'un cimetière, vote chaque

année des fonds pour distribuer gratuitement dans les écoles communales de pareils ouvrages, pour distribuer la *Lettre au bon Dieu* et la *Barque de l'Émigré,* c'est-à-dire des publications faites pour inspirer le mysticisme religieux le plus outré et la haine de la Révolution Française.

Il est vrai que MM. les Conseillers municipaux de Paris rejetteront toute la responsabilité de ces choix sur les Commissions chargées d'arrêter la liste des ouvrages à mettre entre les mains des élèves. Nous parlerons bientôt de ces Commissions et on verra le crédit qu'elles méritent.

VI. — Hypothèses.

Jusqu'ici, nous avons considéré MM. Foncin, Brouard, Leyssenne et Le Bourgeois, comme les véritables auteurs des livres qui ont été l'objet de nos critiques , parce que ces livres sont publiés sous leur nom et qu'ils en assument ainsi toute la responsabilité. Mais à qui fera-t-on croire que des hommes aussi éminents, investis des plus hautes fonctions de l'enseignement public, que des docteurs ès-lettres ou ès-sciences, des lauréats de l'Institut, d'anciens recteurs, etc., aient pu, dans le silence du cabinet, écrire de leur main les inepties que nous signalons à l'attention publique ?

A qui fera-t-on croire que M. Foncin ne sait pas ce que c'est qu'une échelle géographique ? qu'il ignore jusqu'aux plus simples notions de la cosmographie et de la géométrie la plus élémentaire ?

A qui fera-t-on croire que M. Brouard ne sait pas qu'il y a 180 degrés de longitude Est, et 180 degrés de longitude Ouest ; qu'il y a 90 degrés de latitude Nord, et 90 degrés de latitude Sud ?

A qui fera-t-on croire que M. Leyssenne ne connaît pas l'histoire de notre système métrique, ni celle du prêt à intérêt ; qu'il ignore les avantages do la *Caisse des retraites pour la Vieillesse*, et des *Caisses d'assurances sur la vie, ou en cas d'accidents*, fondées et garanties par l'Etat ?

A qui fera-t-on croire que M. Le Bourgeois n'a jamais lu un des nombreux discours prononcés au Parlement, sur la neutralité religieuse dans les écoles publiques ?

Evidemment, personne ne le croira ; ces Messieurs ne peuvent pas être les auteurs des livres que nous venons d'examiner.

Il y a plus ; non seulement ces Inspecteurs généraux ne sont pas les auteurs des livres critiqués, mais encore ils ont poussé la légèreté jusqu'à ne lire ni le manuscrit ni les épreuves. En effet, ces Messieurs, par la nature même de leurs fonctions, sont habitués à relever, dans un examen, dans une visite d'école, la moindre erreur, la moindre faute, la moindre incorrection échappée à un candidat ou à un élève. Qui pourra donc admettre que, s'ils avaient lu les livres publiés sous leur nom, ils n'eussent pas remarqué les inepties que le premier venu, vous ou moi, relevons à la simple lecture, et qu'ils ne les auraient pas fait disparaitre dans les nombreuses éditions publiées jusqu'à ce jour ?

Mais, si ces Inspecteurs généraux ne sont pas les auteurs des livres qu'ils ont signés, qui donc les a composés ?.... Il n'y a au fond de tout cela que des spéculations de librairie dont nos lecteurs apprécieront la moralité.

*
* *

Dans le même ordre d'idées, occupons-nous des livres signés de deux noms.

La collaboration peut être réelle. D'autres fois, au contraire elle est fictive ; il en est presque toujours ainsi lorsqu'à côté d'un nom obscur, inconnu, se trouvent le nom et les titres d'une personnalité éminente, occupant une haute position officielle.

Comme exemple célèbre de cette sorte de collaboration, on cite la *Grammaire française* de Noël et Chapsal. Tout le monde sait aujourd'hui que Chapsal seul est l'auteur de cet ouvrage ; mais Chapsal était un obscur grammairien qui, pour réussir, avait besoin d'être remorqué par M. Noël alors Inspecteur général.

Ces exemples de collaboration se sont multipliés de nos jours et nous laissons au lecteur le soin de classer, dans la première ou dans la seconde catégorie, les ouvrages suivants :

Abrégé de géographie moderne, par Magin, inspecteur général, et Barberet.

Exercices et Problèmes d'arithmétique, par Leyssenne, inspecteur général, et Bousquet.

Problèmes d'arithmétique, par Leyssenne, inspecteur général, et Cuir.

Tableaux de géométrie, par Leyssenne, inspecteur général, et Barbier.

Petite grammaire française, par Madame Berger, et Brouard, inspecteur général. (*)

Leçons de calcul, par Brouard, inspecteur général, et Gaillard.

Lectures pratiques, (cours élémentaire) par Jost, inspecteur général, et Humbert.

Lectures pratiques, par Jost, inspecteur général, et Braeunig. (**)

Etc., etc.

(*) Cette grammaire est fort curieuse ; c'est une *grammaire illustrée* de gravures quelconques représentant des chiens, des oies, des chèvres, des diligences et des pêcheurs à la ligne !

(**) M. Braeunig est un Alsacien et un vrai patriote : son excellent livre de lecture, magnifiquement imprimé, est largement conforme à toutes les prescriptions de la *Commission pour l'hygiène de la vue*. On voit que M. Braeunig tient à faire des soldats, et non des myopes.

VII. — Les Commissions pour le choix des Livres

Nous avons fait observer que le Conseil municipal de Paris rejetterait sur les Commissions compétentes la responsabilité des abus qui se produisent dans le choix des livres élémentaires.

Ces commissions sont composées des personnes les plus autorisées; par malheur, elles sont en butte à des sollicitations et à des intrigues de tous genres.

On comprend, en effet, l'intérêt puissant qu'ont les auteurs et les éditeurs à faire adopter leurs livres par la Ville de Paris. Mention de cette préférence est faite sur le volume; on l'annonce, bruyamment dans les journaux, dans les catalogues (même à l'étranger); et les commissions départementales, à leur tour, s'empressent d'inscrire ces mêmes ouvrages en tête de leurs listes.

On crée ainsi un monopole exorbitant au profit de quelques auteurs privilégiés, au préjudice d'un grand nombre d'auteurs modestes et d'un mérite supérieur. — C'est donc une mine d'or pour l'heureux auteur objet de cette préférence, une ruine pour les autres.

Nous reviendrons bientôt sur les conséquences

de cette monopolisation, désastreuse surtout au point de vue pédagogique.

Ce n'est pas tout encore: les commissions qui ont primé les livres que nous avons examinés n'ont lu de ces livres que le nom des auteurs.

Y a-t-il là une imputation téméraire dont il soit difficile de faire la preuve?

Ici, notre argumentation sera semblable à celle que nous avons exposée plus haut: Comment admettre que les hommes éminents qui font partie de ces commissions n'aient pas remarqué les inepties signalées dans cette étude? Nous affirmons qu'ils n'ont pas lu ces livres, car s'ils les avaient lus, ils n'auraient pas manqué, ne fût-ce qu'officieusement, d'en signaler les âneries aux auteurs.

Pourquoi donc les membres de ces commissions officielles sacrifient-ils ainsi à de hauts fonctionnaires, largement rétribués, la fortune de nombreux auteurs qui, eux du moins, font les livres qu'ils publient, livres dans lesquels nous défions ces commissions de trouver des inepties comparables à celles relevées plus haut?

Et nous ne sommes pas les seuls à porter, preuves en mains, de pareilles accusations contre certaines commissions officielles. Tout le monde s'est ému des révélations faites par M. Auguste Brachet dans son remarquable ouvrage *L'Italie qu'on voit et l'Italie qu'on ne voit pas.*

Voici ce qu'on lit, page 41 :

La 7ᵉ édition de la Géographie de Comba, honorée d'une médaille au Congrès pédagogique de 1872 et à l'Exposition universelle de Paris en 1878, est adoptée comme livre classique dans les écoles des principales villes d'Italie (Turin, Venise, Mantoue, Parme, etc..). La France a décerné, en 1878, à l'Exposition universelle, une médaille à M. Comba pour le récompenser d'enseigner ce qui suit :

« Page 94, § 56. — « POSSESSIONS DE LA FRANCE EN ITALIE. L'île de Corse, la principauté de Monaco, Nice et son territoire, que le gouvernement italien fut *contraint* de céder aux Français dans cette même année 1860, forment les possessions de la France en Italie. »

Et plus loin, page 45 :

« .... Une troisième carte tout à fait identique aux précédentes (nous enlevant Nice et la Corse) est celle de Gnocchi.

« .... De même que la *Géographie* de Comba qui nous enlève Nice et la Corse, *cette carte de Gnocchi a obtenu, elle aussi, une médaille à l'Exposition universelle de Paris en 1878.* Les Français n'ont pas laissé échapper cette double occasion de manifester leur clairvoyance patriotique. »

Ainsi, non seulement certaines commissions officielles ne lisent pas les livres qui leur sont soumis, mais elles poussent l'oubli de leurs devoirs jusqu'à ne pas donner un coup d'œil à une carte qu'elles vont récompenser.

Ces mêmes commissions ne manqueront pas

de couronner quelque jour une géographie dans
laquelle la Bourgogne et la Franche-Comté
feront partie de l'Empire Allemand, à moins toutefois que l'indignation publique ne mette un
terme à de pareils scandales.

II

LE MONOPOLE

DEUXIÈME PARTIE

LE MONOPOLE

I. — Déclarations de M. Jules Ferry sur le choix des livres scolaires.

Les journaux républicains ont, à diverses reprises, signalé des divergences de vue, un certain antagonisme, entre les Ministres et leurs Bureaux.

Quand on considère le peu de durée des ministères qui se remplacent si souvent, on comprend que la nécessité pour les Ministres d'assister aux conseils de cabinet, de répondre aux interpellations, de prendre une large part aux discussions législatives dans les deux Chambres, ne leur permette pas de s'occuper activement d'administration proprement dite.

Pendant que les ministres se succèdent, les Bureaux restent, conservent et développent même leur esprit réactionnaire et despotique : de là des contradictions entre les idées bien connues, entre les déclarations, les circulaires personnelles de certains ministres et d'autres circulaires dont ils ont pris la responsabilité en les signant, mais qu'ils n'ont certainement pas rédigées eux-mêmes.

C'est ainsi que sous M. Jules Ferry, le ministre le plus libéral, le plus dévoué à l'instruction publique et à l'indépendance des instituteurs, les Bureaux ont créé pour le choix des livres scolaires, un système qui, sous des apparences de liberté, conduit à l'oppression, au favoritisme, au monopole, aux conséquences pédagogiques les plus fâcheuses.

Il est inutile d'insister sur le libéralisme bien connu de M. Jules Ferry. Toutefois, citons quelques-unes de ses déclarations sur le sujet spécial qui nous occupe, comme une nouvelle preuve des idées largement libérales qui ont toujours animé le Ministre.

Voici en quels termes M. Jules Ferry s'exprime dans sa circulaire du 3 avril 1882, relative aux bibliothèques des écoles normales :

« ..... Le plus souvent l'école possède et les « élèves emploient concurremment plusieurs de « ces ouvrages similaires (livres scolaires), « *parce que, sur chaque objet, il en existe* UN « GRAND NOMBRE *d'un mérite à peu près* « *égal, parce que chaque maître est libre de sui-* « *vre dans son enseignement celui qui lui paraît* « *devoir donner, entre ses mains, les meilleurs* « *résultats et qu'il est bon d'éviter tout ce qui*

« *semblerait créer*, *en faveur d'un de ces ouvra-*
« *ges*, L'APPARENCE MÊME D'UN MONO-
« POLE. »

Quelques lignes plus bas, le Ministre proclame
encore sa neutralité dans la formation des bibliothèques de livres scolaires, en disant :

« Le ministre s'abstiendra, comme par le
« passé, d'y concourir, ne voulant pas avoir,
« même indirectement, à intervenir dans la con-
« currence, si vive aujourd'hui, des livres d'en-
« seignement primaire. »

Tels sont les principes de liberté posés par
M. Jules Ferry. Comment ces principes sont-ils
appliqués ? C'est ce que nous allons rechercher
en étudiant les diverses circulaires sur l'organisation des commissions chargées de dresser la
liste des livres à adopter dans les écoles.

II. — Listes départementales des livres scolaires

Résumons, en quelques mots, l'historique des divers systèmes adoptés successivement pour dresser la liste des livres à autoriser dans les écoles publiques.

De 1832 à 1850, aucun livre ne pouvait être introduit dans les écoles publiques s'il n'était revêtu de l'approbation du Conseil supérieur.

De 1850 à 1860, l'approbation du Conseil supérieur est remplacée par une autorisation du Ministre de l'Instruction publique.

De 1860 à 1880, c'est-à-dire dans les dix dernières années de l'Empire, et dans les dix premières années de la République, période qui n'a pas cependant brillé par un excès de libéralisme, *la plus grande liberté est laissée aux instituteurs pour le choix des livres classiques.*

Telle était la situation, lorsque dans son rapport du 6 novembre 1879, M. Buisson, Inspecteur général, Directeur de l'enseignement primaire, propose au Ministre, pour le choix des livres, un système qui porte le premier coup à la liberté des instituteurs.

Dans ce rapport, M. Buisson constate que la trop grande liberté laissée aux instituteurs par l'Empire et par la réaction a produit ce qu'il appelle l' « *anarchie pédagogique,* » et il invite le ministre à y porter un prompt remède, dans l'intérêt de l'instruction primaire.

Puis, il condamne le système des « *listes officielles* de livres approuvés par le Ministre ou le Conseil supérieur »; ce qu'il paraît blâmer surtout, c'est que ces listes sont ouvertes à des ouvrages « en nombre indéfini. »

Quant à l'idée d'un manuel unique ou d'un petit nombre de manuels adoptés par l'Etat, pour chaque enseignement, M. Buisson la repousse avec juste raison ; c'est, dit-il, « une chimère » qui conduirait à des injustices et qui deviendrait un obstacle au progrès.

Après avoir écarté ces deux systèmes, M. Buisson en propose un nouveau : « *il y aurait de* « *graves inconvénients,* dit-il, *à vouloir imposer* « *aux maîtres leurs instruments d'étude, et il* « *n'y en a aucun à leur laisser librement indi-* « *quer ceux qu'ils préfèrent.* » Seulement, (avec M. Buisson, on arrive toujours à un *mais* ou à un *seulement*),* seulement les instituteurs réunis en conférence cantonale n'auront le droit de dresser que la « LISTE PROVISOIRE *des livres*

(*) Nous regrettons que l'étendue des rapports et des circulaires ne nous permette pas de les reproduire en entier; nous en avons extrait les passages qui se rattachent le plus directement à notre thèse. Nous avons indiqué avec soin

scolaires qu'ils demandent à s'imposer à eux-mêmes. » (!)

Mais puisqu'on proclame pour chaque institu-teur la liberté du choix, à quoi bon une liste ? et surtout à quoi bon une liste PROVISOIRE ?

Ah ! c'est ici que la liberté des maitres devient une illusion ; la *liste provisoire* va passer par une série de filières administratives d'où elle ne peut guère sortir intacte.

L'organisation de ce système est formulée dans un projet d'arrêté approuvé par le Ministre le 6 novembre 1879, projet devenu définitif par l'arrêté du 16 juin 1880, ainsi conçu :

« ART. 1er. — Il est dressé, chaque année et dans chaque département, une liste des livres reconnus propres à être mis en usage dans les écoles primaires publiques élémentaires et supérieures.

ART. 2. — A cet effet, les instituteurs et institutri-ces titulaires de chaque canton, munis du brevet, réunis en conférence spéciale établissent, au plus tard

---

les dates précises de ces documents, et nous engageons vivement le lecteur à les lire dans les recueils officiels ou pédagogiques.

On pourra remarquer que nous avons puisé dans ces mêmes circulaires, des déclarations extrêmement libérales, et des restrictions extrêmement despotiques; cette contra-diction permanente est, à notre avis, la caractéristique de ces circulaires en général. Faisons en outre observer ce fait, que les déclarations libérales sont purement platoni-ques, tandis que les restrictions conduisent toujours à un résultat effectif.

dans la première quinzaine du mois de juillet, une
liste des livres qu'ils jugent propres à être mis en
usage dans les écoles primaires publiques.

ART. 3. — Toutes les listes ainsi dressées sont
transmises à l'inspecteur d'académie. Une Commission siégeant au chef-lieu du département et composée *des inspecteurs primaires, du directeur et de
la directrice des écoles normales et des maîtres-
adjoints de ces établissements*, réunis sous la prési-
dence de *l'inspecteur d'académie*, RÉVISE *les listes
cantonales* et ...RÊTE le catalogue pour le département ».

Ainsi M. Buisson, qui ne veut plus de listes
officielles, crée d'un coup 86 listes officielles, et
lui qui repousse le contrôle ministériel et l'approbation du Conseil supérieur, crée 86 Commissions
départementales de révision qui seront loin de
donner aux études « l'unité pédagogique » et qui
conduiront fatalement aux conséquences injustes
et absurdes que nous examinerons plus tard.

Certes, personne ne conteste la compétence et
l'honorabilité des membres qui composent les
Commissions départementales ; mais ces membres jouissent-ils d'une indépendance complète,
quand ils ont à juger les livres scolaires de MM.
les Inspecteurs généraux ?

Nous touchons ici à un point bien délicat, et
nous constatons avec douleur que l'autorité
supérieure, loin de garantir cette indépendance,
a essayé d'y porter atteinte.

En effet, voici comment s'exprime M. le Directeur de l'enseignement primaire dans un *Rapport sur l'inspection générale*, en date du 5 février 1880, c'est-à-dire *quelques mois* avant le premier fonctionnement des Commissions départementales :

« Or, dans chaque département, quelle est la
« mission de l'inspection générale ? Vous l'avez
« rappelé, Monsieur le Ministre, dans les consi-
« dérants de votre arrêté du 10 novembre 1879 ;
« on peut la ramener à un triple objet : d'abord
« et comme moyen essentiel d'information, la
« visite des écoles normales et d'un certain
« nombre d'écoles primaires ; — ensuite *l'appré-*
« *ciation* APPROFONDIE *des services et des*
« *mérites de chacun des fonctionnaires,*
   « Inspecteurs d'académie,
   « Inspecteurs primaires,
   « Directeurs et directrices des écoles normales,
   « Professeurs des écoles normales ;
   « Enfin le compte-rendu général et comparatif
« de la marche de l'instruction primaire dans les
« diverses régions de la France.

Quelques lignes plus bas, en parlant du rôle de l'inspection générale, M. Buisson ajoute :

« *Par ses* NOTES CONFIDENTIELLES *sur*
« *le personnel c'est vous seul, Monsieur le*
« *Ministre, qu'elle renseigne et qu'elle éclaire* ».

Pourquoi de pareilles instructions qui devraient rester secrètes, sont-elles rendues publiques ? Pourquoi sont-elles insérées dans tous les journaux officiels, dans toutes les revues pédagogiques ? Pourquoi ?...

Faisons observer que dans ce rapport on menace des *notes confidentielles* de MM. les Inspecteurs généraux TOUS les membres des Commissions départementales de révision, et ces membres seulement.

Circonstance aggravante : quelques jours après, le 13 février, on augmente le personnel de l'inspection générale dans lequel on fait entrer encore deux nouveaux auteurs de livres scolaires, M. Le Bourgeois, ancien inspecteur primaire, chef de bureau à l'administration centrale, et M. Leyssenne, qui, de simple professeur dans un établissement libre, passe d'emblée aux plus hautes fonctions de l'enseignement public, au détriment des droits acquis les plus respectables.

***

Poursuivons l'examen des documents relatifs à l'organisation des commissions cantonales et départementales.

Dans une circulaire adressée aux recteurs en date du 7 octobre 1880, M. le Ministre donne des instructions sur les détails d'exécution du système adopté.

Citons quelques passages significatifs :

...... « Combien convient-il d'admettre d'ou-
« vrages similaires pour chaque matière d'en-
« seignement ? *Je suis d'avis de laisser toute*
« *latitude aux membres des conférences.* SEULE-
« MENT, je vous prie, dans les instructions que
« vous donnerez à MM. les inspecteurs, de signa-
« ler le double inconvénient qu'il y aurait, d'une
« part, à n'admettre qu'*un seul* ouvrage de cha-
« que catégorie, d'autre part, à en admettre un
« NOMBRE INDÉFINI ».

Toujours ce « nombre indéfini » qui effraye
les Bureaux ; on voit poindre déjà la pensée-
mère qui a fait organiser les commissions départementales, pour établir un monopole au profit
de quelques auteurs privilégiés ; et, nous le savons
déjà, ce ne sont pas là les idées du Ministre qui
constate qu'il existe, sur chaque objet, UN GRAND
NOMBRE d'ouvrages similaires d'un mérite à
peu près égal. Il y a donc une souveraine injus-
tice à n'admettre sur les listes qu'un petit nombre d'ouvrages similaires, à l'exclusion d'un grand
nombre d'autres de même valeur.

* *

Les listes départementales *officiellement révisées* sont-elles de simples listes de recommanda-
tion ? Dans ce cas, elles constitueraient un pri-
vilège énorme pour les auteurs recommandés,

et seraient contraires aux déclarations formelles
de M. Jules Ferry :

« *Il est bon d'éviter tout ce qui semblerait*
« *créer en faveur d'un de ces ouvrages l'appa-*
« *rence même d'un monopole.»....« Le Ministre*
« *ne veut pas avoir, même indirectement, à inter-*
« *venir dans la concurrence si vive aujourd'hui*
« *des livres d'enseignement primaire* ».

Ou bien les listes, *officiellement révisées*, sont-
elles OBLIGATOIRES ? *Les livres non inscrits*
sur ces listes sont-ils interdits ? La circulaire
du 7 octobre va nous l'indiquer :

« *La loi ne vous confère pas* (au recteur) *elle*
« *ne reconnaît pas même au ministre* LE DROIT
« D'INTERDIRE UN LIVRE »
Interdire un livre, *Bone Deus !*
Attendez :

La même circulaire du 7 octobre se termine
ainsi :

« Enfin, quelle sera la SANCTION des choix
« ainsi prononcés ? »

« *Devra-t-on* INTERDIRE A L'INSTANT *tous*
« *les livres autres que ceux qui viennent d'être*
« *admis ?* Les instituteurs savent combien il
« importe d'éviter tout changement de livres
« onéreux pour les familles ou pour les commu-
« nes. *Ils veilleront seulement* à ce qu'à partir
« de la rentrée qui suivra la publication de la

« liste ARRÊTÉE *par les commissions canto-*
« *nales,* C'EST-A-DIRE PAR EUX-MÊMES (1) IL NE
« SOIT PLUS INTRODUIT DANS LEURS
« CLASSES QUE DES OUVRAGES FIGURANT
« SUR CETTE LISTE ».

Est-il possible de pousser plus loin la contra-
diction et le mépris de toute franchise ?

Comment ! après les déclarations les plus libérales qu'il est inutile de rappeler encore ; après
avoir proclamé la liberté des instituteurs, vous
organisez L'INTERDICTION d'un grand nombre
d'excellents ouvrages classiques. Vous parlez de
sanction ! mais alors, il y a des résistances. Malgré toutes les pressions, toutes les influences
officielles, une minorité au moins refuse de se
soumettre. Et lorsque vous avez brisé l'esprit
d'initiative de cette minorité, lorsque vous avez
attenté à l'indépendance des commissions de
révision, vous vous écriez : « AUJOURD'HUI
« *que les instituteurs* ONT LA LIBERTÉ de
« dresser la liste des livres dont ils se servent
« dans leur enseignement, etc. *(Circulaire du 3*
« *avril 1882) !* ».

Jamais, malgré son despotisme, malgré ses
procédés jésuitiques, jamais l'Empire n'est allé
jusque là !

***

Il y a quatre ans que ce système fonctionne, et

il a déjà donné les résultats absurdes qu'on aurait dû prévoir d'avance, qu'on avait prévus.

Ainsi, les listes départementales sont loin de se ressembler : les unes sont restreintes, étroites, limitées à quelques auteurs ; d'autres sont plus larges, plus libérales, et, chose digne de remarque, les plus ouvertes sont en général celles qui sont élaborées dans les départements où résident les Recteurs ; on dirait que les Recteurs, par une sorte d'action de présence, exercent sur les listes une influence salutaire ; serait-ce parce que les membres des Commissions départementales se sentent là plus soutenus, mieux protégés?

Or, il se produit ce fait absurde, inique, inqualifiable, qu'un excellent ouvrage inscrit sur une liste départementale, sous les yeux même du Recteur, se trouve interdit, RIGOUREUSEMENT INTERDIT, dans le département voisin appartenant *au même ressort académique.*

La voilà « *l'anarchie pédagogique* », et l'anarchie pédagogique officielle ! Est-ce ainsi qu'on a cru amener « *l'unité de direction* » dans l'enseignement primaire ?

Et quels sont les auteurs mis à l'*index* par les Commissions départementales ? Ce sont les Levasseur, les Cortambert, les Guérard, les Burat, les Tarnier, les Bos, les Compayré, les Steeg, les Ch. Bigot et tant d'autres auteurs recommandables que nous pourrions citer.

*
* *

Les conséquences pédagogiques sont encore pires : Nous avons donné une idée des ouvrages proscrits ; quels sont les ouvrages favorisés ? Quels sont les ouvrages portés sur toutes les listes ? Quels sont les livres dont les Commissions départementales ont exagéré le succès ? précisément les « *mauvais livres* » que le Ministre voudrait voir éliminer de nos écoles : « *le livre* « *trop commode, où le maître trouve sa leçon* « *toute faite, QUESTIONS ET RÉPONSES,* « *DEVOIRS ET EXERCICES, le livre qui* « *dispense le maître d'expliquer et l'élève de* « *comprendre, en substituant à l'imprévu de la* « *classe parlée et vivante les recettes de l'ensei-* « *gnement automatique.* » (*Circulaire du 7 octobre 1880*).

Les livres approuvés par les Commissions, ce sont les livres ineptes que nous avons signalés ; ce sont les livres embarrassés d'un nombre excessif de problèmes, de questions, d'exercices, de devoirs, où la partie du Maître, minutieusement détaillée, dispense le professeur de toute activité intellectuelle, de toute initiative, de toute forme personnelle d'enseignement, en un mot, comme le dit M. Jules Ferry, « les livres qui substituent à l'imprévu de la classe parlée et vivante, les recettes de l'enseignement automatique ».

*
* *

En résumé, l'institution des listes départementales a été déplorable sous tous les rapports :

Déplorable pour les instituteurs dont on a, en
fait, supprimé la liberté ; déplorable pour les
honorables membres des Commissions de révision que l'on a menacés de notes confidentielles
par le rapport du 5 février 1880, et qui ont été
forcés d'inscrire, sur leurs listes, des livres dont
les nombreuses inepties n'avaient échappé à
aucun d'eux.

Déplorable au point de vue de l'unité pédagogique, puisqu'il se produit ce fait absurde qu'un
livre est adopté dans un département et proscrit
sévèrement dans le département voisin.

Déplorable au point de vue de l'enseignement
proprement dit puisque ces listes ont surtout
développé le succès de livres ineptes, de livres
« trop commodes où le maître trouve sa leçon
toute faite » livres que le Ministre signale comme
une cause d'abaissement intellectuel, pour les
élèves et pour les maîtres.

Déplorable pour les élèves, obligés d'échanger
de bons livres contre les livres à succès que
vise M. Jules Ferry.

Déplorable enfin pour les nombreux auteurs,
d'une supériorité incontestable, qui ont été proscrits et ruinés par cette institution, conçue,

longuement méditée, contre toute justice, contre tout sens pédagogique, pour favoriser des spéculations de librairie au profit de quelques auteurs.

Ah ! nous savons qu'on nous opposera peut-être des correspondances administratives signalant les progrès, les avantages, les brillants résultats de cette institution ; mais ces rapports qui les aura faits, ou plutôt qui les aura inspirés ? Ceux-là même qui sont directement intéressés au maintien de ce système.

III. — Incompatibilité des fonctions d'Inspecteur général avec la qualité d'auteur de livres scolaires.

Au point où nous en sommes, l'incompatibilité dont il est ici question, ressort avec évidence à chaque ligne de cette étude.

Il convient cependant d'insister, ne fût-ce que pour répondre à certaines objections qu'on ne manquera pas de faire, et pour donner de nouveaux arguments à l'appui de notre thèse.

Une première objection est celle-ci :

Comment, parce qu'un auteur aura fait un bon livre, il sera indigne d'être inspecteur général ? et lorsqu'un inspecteur général fera un bon livre, il deviendra indigne de conserver ses fonctions ?

Nous ferons d'abord remarquer qu'il ne s'agit pas ici d'*indignité* mais d'*incompatibilité*.

Or, les cas d'incompatibilité sont extrêmement nombreux dans notre législation. La nouvelle loi municipale, par exemple, en établit vingt.

Souvent, l'incompatibilité est une question de moralité publique, et la tendance générale est de la développer ; c'est ainsi que récemment la Chambre a déclaré incompatibles les fonctions

de député avec celles d'administrateur d'une
compagnie financière ou industrielle.

C'est dans cette catégorie que nous classérions
l'incompatibilité entre les fonctions d'Inspecteur
général et la qualité d'auteur de livre scolaire.

En effet, qu'un inspecteur général auteur
recommande ses livres ou ne les recommande
pas, qu'il parle ou qu'il se taise, qu'il le veuille
ou non, il est quand même, nécessairement,
l'associé d'une maison de librairie ; il est, tran-
chons le mot, son propre commis-voyageur. Son
influence s'exerce, non sur des clients ordinaires,
mais sur des subordonnés dont il tient entre les
mains, la situation, l'avenir, la fortune, l'avance-
ment. *(Rapport du 5 février 1880.)*

Dans ces conditions, de quelle liberté l'instituteur jouit-il dans le choix de ses livres scolaires, et de quelle liberté l'Inspecteur général jouit-
il lui-même ? Quelle impartialité apportera-t-il
dans son inspection lorsque son amour-propre et
ses intérêts personnels sont en jeu ?

N'est-ce pas là une situation anormale ?

De même qu'on interdit à un juge, à un simple
juge de paix, l'exercice d'un commerce ou d'une
industrie quelconque pour que la considération
qui s'attache à sa personne ne soit pas affaiblie,
et pour le mettre à l'abri du moindre soupçon,
de même M. le Ministre de l'Instruction publique
devrait, par ces motifs, et en dehors même des

nombreuses raisons exposées plus haut, écarter des fonctions d'inspecteur général tout auteur de livres classiques élémentaires et, pour appeler les choses par leur nom, tout fournisseur, fabricant, marchand de livres scolaires.

*
* *

On a fait une seconde objection :

Nous reconnaissons, a-t-on dit, tous les abus signalés ; ils sont même si évidents qu'une démonstration n'est pas nécessaire. Nous regrettons que la liberté des instituteurs soit atteinte, que des auteurs pleins de mérite soient mis à l'index, que des fonctionnaires de tous ordres soient placés dans des situations délicates, que la concurrence générale soit arrêtée, que les progrès ultérieurs soient rendus difficiles.......

C'est là un mal nécessaire ; il serait désastreux pour l'enseignement d'empêcher un inspecteur général de faire un bon livre ; car les livres de ces Messieurs sont des ouvrages si parfaits, si excellents ; ils rendent de tels services à notre enseignement public qu'ils honorent aux yeux de l'Étranger ; ils sont tellement supérieurs à tous leurs rivaux, que malgré les ruines privées, malgré les injustices et les scandales qui peuvent, qui doivent se produire, il est d'un intérêt national, supérieur à tout, de favoriser de tels livres, de conserver à leur poste d'inspection et de propagande ces auteurs éminents, pour créer en leur faveur un monopole réel.

Eh bien, nous les connaissons maintenant les excellents ouvrages de ces Messieurs ; nous savons combien ils honorent notre enseignement public ; combien ils sont dignes de la protection officielle ; combien il est patriotique de les propager, dans l'intérêt de l'industrie et de l'armée, n'est-ce pas ?

En vérité, après un simple coup d'œil jeté sur ces livres et après les déclarations si nettes de M. Jules Ferry, l'objection peut-elle tenir un instant ?

Par la publication de pareils ouvrages, certains Inspecteurs généraux compromettent leur dignité et leur autorité ; ils jettent la défaveur même sur leurs collègues qui ne sont pas responsables de ces fautes, et en somme ils portent atteinte au prestige et au respect qui doivent entourer le haut personnel de l'inspection générale.

***

Admettons un instant que les livres signés par MM. les Inspecteurs généraux soient réellement d'excellents ouvrages et que leur exécution typographique soit irréprochable ; l'incompatibilité que nous avons établie n'en subsisterait pas moins. On arriverait toujours aux mêmes injustices, aux mêmes abus, au même monopole.

Examinons cette hypothèse :

Supposons par exemple que l'honorable M. Steeg, l'auteur d'un excellent *Manuel d'instruction morale et civique*, livre qui a eu les honneurs d'un examen élogieux dans la *Critique Philosophique* de M. Renouvier, supposons que M. Steeg, dont le caractère est universellement estimé, devienne inspecteur général.

Il entre dans une école normale où il trouve comme livre de classe un autre ouvrage d'une grande valeur littéraire, d'un patriotisme, d'une moralité, d'un esprit de tolérance au-dessus de tout éloge, le *Petit Français* de M. Charles Bigot, ouvrage hautement apprécié par M. Steeg lui-même.

Or, pendant son inspection, M. Steeg relève dans la classe (aucune classe n'est parfaite) quelques négligences de tenue, quelques imperfections d'enseignement ; avec la plus grande réserve, il en fait l'observation au professeur, et il fait cette observation en toute conscience.

Eh bien, malgré l'honorabilité qu'on lui connaît, malgré la justesse de ses remarques, M. Steeg est-il bien sûr que, lorsqu'il sortira de la classe, le professeur, un peu froissé dans son amour propre, ne dira pas : *c'est parce que je n'ai pas son livre* que l'inspecteur général m'adresse ces reproches.

Continuons notre hypothèse : à peine la nomi-

nation de M. Steeg est-elle connue qu'un certain
émoi se manifeste dans les écoles normales primaires. L'école annexe prend ses mesures pour
adopter l'*Instruction morale et civique* du nouvel
inspecteur général. Les inspecteurs primaires
*qui président les conférences cantonales annuel-
les*, pour le choix des livres scolaires font un
grand éloge de son ouvrage et poussent à son
adoption, pour s'en faire un titre aux bonnes
grâces de l'inspecteur ; et qui oserait les en
blâmer lorsque M. Buisson les a avertis que
MM. les Inspecteurs généraux doivent faire une
APPRÉCIATION APPROFONDIE *des services et
des mérites* de chacun d'eux, et qu'ils donneront
au Ministre des NOTES CONFIDENTIELLES
à leur égard ? (*Rapport du 5 février 1880.*)

De telle sorte que, sous cette double influence,
la vente de l'*Instruction morale et civique* de
M. Steeg sera décuplée en deux ou trois ans au
préjudice des livres rivaux : Compayré, Paul
Bert, Charles Bigot, Jules Simon, etc., etc., et au
bout de dix ans la monopolisation sera un fait
accompli, *malgré l'inscription, sur les listes
départementales, d'un nombre plus ou moins
grand d'ouvrages similaires.*

Faisons observer que dans notre hypothèse,
le monopole s'est effectué sans l'intervention
personnelle de l'honorable M. Steeg.

Les choses ne se passent pas toujours d'une

-manière aussi correcte ; mais ici le terrain est brûlant, passons.

**

A un autre point de vue, et des plus importants, l'incompatibilité devient encore évidente : On connaît les conclusions du Rapport du docteur Gariel sur la myopie scolaire, rapport qui devrait être connu de tous nos instituteurs, et dont les inspecteurs généraux devraient être chargés de surveiller la stricte exécution.

Ce rapport, on l'a vu, condamne certains livres de M. Foncin et de M. Leyssenne. Or, n'est-ce pas demander l'impossible à ces Messieurs que de les obliger à proscrire eux-mêmes leurs propres ouvrages, de toutes les écoles publiques ou libres ?

**

On fait une dernière objection : à quelle limite s'arrêtera l'incompatibilité entre une fonction dans l'enseignement public et la qualité d'auteur de livres scolaires ?

Nous n'hésitons pas à répondre que l'incompatibilité doit atteindre seulement les inspecteurs généraux, et cela pour plusieurs raisons :

D'abord, parce qu'ils sont tout-puissants. Par leurs *notes confidentielles*, transmises directement au Ministre et au Ministre seul, (c'est-à-dire au Directeur du personnel), ils ont un pouvoir discrétionnaire et absolu sur tous les fonctionnaires soumis à leur inspection.

Ensuite, parce que leur influence s'étend sur toute la France, par une sorte de roulement qui les fait passer d'une région à l'autre.

Enfin, parce que les inspecteurs généraux auteurs étant peu nombreux, leur remplacement immédiat s'opérera sans trouble dans le service. Il sera très facile à M. le Ministre de trouver parmi les inspecteurs d'académie, les inspecteurs primaires de Paris ou des départements, parmi les professeurs des Facultés ou les professeurs de nos Lycées, des hommes très expérimentés, très dignes, capables de remplir les hautes fonctions d'inspecteur général avec impartialité et indépendance.

CONCLUSION

Comme conclusion à cette étude, nous demandons à M. le Ministre de l'Instruction publique, l'application franche et loyale des idées exprimées dans la circulaire du 3 avril 1882 ; en d'autres termes, nous demandons que *chaque maître soit libre de choisir l'ouvrage qui lui paraîtra devoir donner, entre ses mains, le meilleur résultat.*

Cette liberté ne doit avoir pour limite que le respect de nos lois, de nos institutions républicaines, et des règlements scolaires.

Toutefois si l'autorité supérieure jugeait que la simple surveillance administrative est insuffisante, et qu'un contrôle plus rigoureux fût nécessaire, on pourrait admettre, pour les ouvrages de doctrine seulement, (histoire, livres de lecture, etc.) les garanties prises pour les livres d'instruction morale et civique, c'est-à-dire la publication d'une liste officielle de livres approuvés, liste largement ouverte et étendue chaque année. *Les ouvrages inscrits sur cette liste seraient autorisés dans toutes les écoles.*

Comme corollaires des principes posés plus haut, nous demandons :

1° *La suppression de tout catalogue ministériel de livres recommandés ;*

2° *La suppression des listes cantonales et départementales,* qui même non révisées seraient oppressives pour une minorité et favoriseraient outre mesure les abus d'influence et les intrigues de librairie ;

3° *Le REMPLACEMENT IMMÉDIAT des inspecteurs généraux auteurs,* par des Inspecteurs généraux n'ayant aucun intérêt dans une librairie scolaire ;

4° *La mise en pratique rigoureuse,* dans le plus bref délai possible, *des prescriptions contenues dans le Rapport de la Commission pour l'hygiène de la vue,* et la publication de ce rapport dans tous les Bulletins départementaux de l'instruction primaire.

5° Enfin nous demandons que le Conseil municipal de Paris et les Conseils municipaux des autres villes qui distribuent gratuitement des livres scolaires aux élèves de leurs écoles *retirent IMMÉDIATEMENT toute subvention* aux livres qui ne remplissent pas les conditions exigées par la Commission pour l'hygiène de la vue. C'est là une question de conscience et de patriotisme.

NOTE

Au moment de mettre sous presse, on nous communique la huitième édition de *la Deuxième année de géographie*, par M. Foncin, (1884).

Cette édition ne porte plus, comme la cinquième, la mention : *ouvrage inscrit sur le Catalogue ministériel des livres recommandés.* Cette liste officielle a-t-elle été supprimée ? Serait-ce là un retour vers la liberté, une première application des idées de M. Jules Ferry ?

Nous avons parcouru cette édition de 1884, et nous le disons à regret, elle contient les mêmes erreurs, les mêmes inepties que nous avons relevées dans la cinquième ; et, chose plus grave, trois ans après le rapport Gariel, elle est encore imprimée avec les mêmes caractères microscopiques.

TABLE DES MATIÈRES

AVERTISSEMENT. 7

PREMIÈRE PARTIE. — LES INEPTIES.

I. M. Foncin. . . , ... 11
II. M. Brouard. 25
III. La Myopie scolaire 33
IV. M. Leyssenne. 41
V. M. Le Bourgeois 49
VI. Hypothèses 55
VII. Les Commissions pour le choix des livres. 59

DEUXIÈME PARTIE. — LE MONOPOLE.

I. Déclarations de M. Jules Ferry sur le choix
    des livres scolaires 65
II. Les listes départementales. 69
III. Incompatibilité entre les fonctions d'Inspec-
    pecteur général et la qualité d'auteur de
    livres scolaires 83

CONCLUSION. 91
NOTE 93

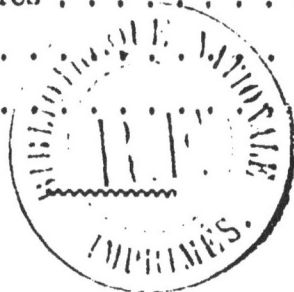

Marseille. — Imp. du Midi, M. SCHICKLER, rue Vacon, 50.